AF262407

LA RÉPUBLIQUE

LES RÉPUBLICAINS

ET

LES PARTIS EN FRANCE

PAR

J.-L. ZACHARIE

LYON

IMPRIMERIE REY ET SÉZANNE

Rue St-Côme, 2

1874

LA RÉPUBLIQUE

LES RÉPUBLICAINS

ET

LES PARTIS EN FRANCE

I

Pour rendre l'homme à lui-même, c'est-à-dire : pour que l'homme se comprenne envers lui, envers l'homme, envers la société, et envers Dieu, il faut rechercher l'œuvre de Dieu, telle que Dieu l'a faite pour l'homme. A cette recherche ce qui se présente en premier, ce sont : la vie morale et la vie immorale dont l'homme a à remplir sa vie.

Par la volonté de Dieu, l'homme mène l'une ou l'autre de ces deux vies, c'est-à-dire : que l'homme mène toujours, de ces deux vies, celle qu'il a choisie, choix qui ne peut être si l'homme ne connaît pas la vie morale et la vie immorale.

Enseigner sévèrement à l'homme la vie morale et la vie immorale, c'est définir aux hommes ce qu'ils sont et ce qu'ils peuvent, là est la surveillance que la société a à exercer envers l'homme et envers tous.

Partout où l'homme ne sait pas les deux vies, il ne peut se passer d'un maître qu'il se donne, ou que la société lui donne, et partout où l'homme sait les deux vies, il reconnaît que Dieu son maître est chez lui et chez tous, pour l'approuver dans la vie morale et le désapprouver dans la vie immorale.

L'âme de l'homme est Dieu lui-même qui se fait entendre à chaque homme par la conscience de chaque homme.

Dieu, en faisant savoir à l'homme qu'il ne peut vivre que de la vie morale, ou de la vie immorale, fait savoir à chaque homme, que chaque homme doit savoir les deux vies, pour choisir de ces deux vies celle qu'il veut mener, puisque Dieu accorde à l'homme de mener l'une ou l'autre vie, sans qu'il puisse mener les deux vies en même temps.

Il faut à tout prix que l'homme sache la vie morale et la vie immorale, point de salut pour l'homme s'il ne sait *exactement* ces deux vies.

Partout où l'homme ne peut se juger, il ne peut se passer d'un maître qui, en ce cas, est un homme, et non Dieu, le créateur de l'homme, que l'homme ne peut reconnaître s'il ne sait la vie morale et la vie immorale ; à ce prix seulement, Dieu se fait savoir à l'homme.

Dieu a tout fait pour que l'homme sache ce qu'il est, et ce qu'il peut pour lui et pour tous.

Faire savoir à l'homme, la vie morale et la vie immorale, c'est remplir la volonté de Dieu, et c'est donner cours à la vie de l'homme.

Ne pas savoir la vie morale et la vie immorale c'est, pour l'homme, ne pouvoir comparer les deux vies dont il a à remplir sa vie, et c'est priver l'homme de sa raison qui ne peut fonctionner, l'homme ne pouvant lui soumettre les deux vies qui, par la volonté de Dieu, sont à la disposition de l'homme pour qu'il en fasse sa vie.

Pour l'homme, se passer de sa raison c'est, envers sa vie, ne pouvoir que le désordre, désordre qui prévaut partout où la raison ne peut fonctionner.

Faire savoir à l'homme ce que Dieu, son créateur, est pour lui, c'est ramener à Dieu son œuvre, et c'est rendre son maître à l'œuvre de Dieu.

II.

L'homme a maître éternel, par Dieu son créateur, ce qui rend impossible à l'homme de se donner, hors de Dieu, un maître durable, par conséquent : Royauté, Empire et République sont impossibles à l'homme pour se gouverner. La Royauté et l'Empire n'ont pas vie dans la société, et quant à la République elle ne peut s'y pratiquer, faute de républicains, c'est-à-dire : faute de savoir la vie morale et la vie immorale, savoir indispensable pour connaître et pouvoir pratiquer la vie faite par Dieu pour l'homme, celle dont les lois sont exactement les mêmes pour tous, ce qui les fait lois républicaines.

On peut dire : *sans Dieu* pas de République, et *avec Dieu* pas de Royauté, pas d'Empire.

III.

Dieu, chez chaque homme, quitte l'homme après que l'homme a usé sa matière, d'où résulte que Dieu qui, chez chaque homme, quitte l'homme après que chaque homme a mis fin à sa matière, fait que l'homme sans être le maître de Dieu, reste avec Dieu s'il conserve sa matière, et perd Dieu s'il use sa matière ; par cette possibilité, chaque homme dispose de la présence de Dieu en lui, sans pouvoir en disposer pour qui que ce soit hors de lui.

Par Dieu, l'homme est libre en tout et partout, puisque l'homme seul se peut le bien et le mal qui l'atteignent.

IV.

Dieu, par l'âme de chaque homme, se fait entendre à chaque homme, par la conscience de chaque homme. C'est par la conscience que Dieu blâme ou approuve l'homme, c'est-à-dire: que par la conscience de chaque homme, Dieu guide chaque homme sans la participation d'aucun homme, ce qui laisse à Dieu la responsabilité de ses avertissements, qui sont toujours aussi purs que Dieu lui-même, ce que les hommes reconnaissent en proclamant que la conscience ne les a jamais trompés.

C'est par Dieu que l'homme auquel les hommes n'ont rien appris, a le sentiment de la justice.

Dieu par sa volonté de gouverner les hommes, fait savoir aux hommes que, lorsqu'ils veulent se gouverner sans lui, ils ne peuvent réussir.

La volonté de Dieu ne peut céder à la volonté de l'homme, c'est-à-dire : Dieu ne peut de maître de l'homme, devenir le serviteur de l'homme.

Par Dieu les hommes sont égaux, et la vie est la même pour tous, ce qui fait savoir aux hommes, que Dieu est leur maître et qu'ils n'ont pas à disposer d'eux sur cette terre, Dieu ayant disposé des hommes les uns envers les autres, avec cette égalité que Dieu seul peut, ayant fait son œuvre pour ses lois, et ses lois pour son œuvre.

V.

L'homme peut deux vies, l'une dite morale, et l'autre dite immorale. La vie morale aide les hommes, et la vie immorale perd les hommes.

De la vie des hommes, les uns envers les autres, réglée par Dieu, il ressort que les hommes qui, sous le nom de république, veulent régler la chose publique, celle de tous, ont Dieu contre eux, et ne peuvent réussir ; de même les partis quels qu'ils soient, ne peuvent réussir, voulant tous remplacer le pouvoir de Dieu envers les hommes.

Ce qui est possible aux hommes, sans pouvoir autre chose, c'est de se soumettre à Dieu qui, envers les deux vies qu'il rend possibles à l'homme, laisse les hommes libres de se sauver par la vie morale, ou de se perdre par la vie immorale, ainsi que les hommes en décident, ne pouvant mener l'une ou l'autre vie sans en avoir fait choix.

Dieu ayant réglé la chose publique et s'étant réservé de gouverner les hommes, on peut dire aux républicains : sans Dieu, pas de république possible, et aux monarchistes : avec Dieu, pas de royauté, pas d'empire, pas de pouvoir en dehors du pouvoir que Dieu s'est réservé, celui de gouverner les hommes, pouvoir qui oblige les hommes à mettre Dieu de côté lorsqu'ils veulent se gouverner sans Dieu qui, en ce cas, réduit les hommes à n'avoir que leurs sens pour guides, sens qui ne laissent aux hommes que la possibilité d'être personnels lorsqu'ils veulent faire des lois pour régler les hommes, les uns envers les autres ; personnalité qui désunit les hommes et leur rend toute entente impossible. Où Dieu ne préside pas la vie des hommes, les hommes ne peuvent la présider.

VI.

Pour aider les hommes à se pénétrer de la vie morale et de la vie immorale, il est à désirer que ces deux vies soient exactement définies par la justice lorsqu'elle réclame une peine pour détourner d'une mauvaise action commise envers la société.

VII

La société ne désire qu'une chose, c'est la sécurité pour le présent et l'avenir.

Si les hommes ne peuvent rien pour la sécurité, que la société réclame, pourquoi ne pas s'adresser à Dieu qui a créé les hommes, et a soumis leur vie à ses lois, que les hommes reconnaissent sous les noms de vie morale et de vie immorale ; vies égales pour tous, par conséquent sans préférence, ni pour les uns, ni pour les autres.

Le vrai et grand républicain, c'est Dieu, lui seul est pour tous, sans avoir de préférés, ce que réclame la république.

VIII

Partout où les hommes ne sont pas avec Dieu, les hommes aboutissent à l'impuissance qui réduit la raison des hommes à ne pouvoir, pour eux, que la violence qui n'est autre que la déraison qui pousse les hommes à tous les méfaits, comme à tous les crimes possibles. C'est à l'irritation que l'impuissance cause aux hommes de partis, qu'on doit de les avoir vus se livrer aux crimes les plus affreux qui leur ont valu l'épithète de scélérats.

Les républicains ne peuvent la sécurité pour tous, que parce qu'ils ne sont pas républicains.

IX

Envers les deux vies possibles à l'homme, Dieu laisse l'homme libre de mener l'une ou l'autre vie, d'où résulte que chaque homme dispose de lui sur cette terre, car c'est toujours l'homme qui fait choix de la vie qu'il mène. Cette égalité, à laquelle aucun homme ne peut se soustraire, fait que chaque homme est responsable de lui, et n'éprouve que les maux qu'il se produit, maux dont il ne peut s'éviter les effets, ne pouvant s'en départir envers qui que ce soit. La société, elle-même, ne peut rien pour l'homme, Dieu ayant décidé que le bien et le mal qui atteignent l'homme, n'auraient lieu que par son fait, et non par le fait d'aucun homme en dehors de lui.

X

Le progrès que la démocratie se peut : c'est de devenir, ce qu'elle produit chaque jour, l'aristocratie.

Sans qu'on puisse l'éviter, la démocratie est la source de l'aristocratie ; là, comme partout, ce sont les hommes qui se font aristocratie, ou qui restent démocratie.

La démocratie fait le travail, et l'aristocratie le fournit.

Sans démocratie pas d'aristocratie, et sans aristocratie pas de progrès pour la démocratie.

Si la démocratie parvenait à détruire l'aristocratie, la démocratie serait seule et ne pourrait, pour elle, qu'une vie apathique, qui ne pourrait le progrès pour aucun de ses membres, le progrès ne pouvant être, de la part de la démocratie, sans créer l'aristocratie.

Ce n'est que par l'aristocratie, que la démocratie voit grandir l'horizon de ses produits.

Le progrès est la vie de tous, il se stimule par lui-même, sans qu'aucun homme puisse faire qu'il en soit autrement, Dieu l'ayant ainsi réglé.

Faire le bien, c'est être avec Dieu, et faire le mal,
c'est avoir renié Dieu.

XI

Dans les deux vies faites par Dieu, et possibles à
l'homme, celle morale est la vie bienfaisante pour
l'homme qui la mène, pour ceux qui l'entourent, et
pour la société à laquelle il appartient. L'homme, dans
cette vie, est aidé par Dieu, représenté, chez chaque
homme, par l'âme de chaque homme, qui, par la
conscience de chaque homme, fait entendre à chaque
homme la parole de Dieu, pour l'approuver dans la
vie morale, et le blâmer dans la vie immorale.

La vie immorale est celle où l'homme se passe de
Dieu qui, oublié, repoussé par l'homme, cesse de se
faire entendre à l'homme. C'est par la séparation de
Dieu, provoquée par l'homme, que l'homme, dans
cette vie, n'a que ses sens pour guide.

La vie morale est la vie d'utilité parfaite pour l'homme, dans laquelle Dieu est la lumière de vérité pour
tous.

Douter que l'homme peut la perfection de la vie
morale, c'est supposer que Dieu n'a pas su faire son
œuvre pour ses lois, ou qu'il n'a pas su faire ses lois
pour son œuvre.

Les deux vies, permises à l'homme par Dieu, sont,
par la volonté de Dieu, les pourvoyeuses de la vie
de l'homme, sans que l'homme puisse pourvoir à sa vie
en dehors de ces deux vies, là est la volonté de Dieu,
c'est-à-dire : là est ce que l'homme ne peut dépasser.

RÉSUMÉ

Dieu, chez chaque homme, veille sur chaque homme, et réprimande chaque homme par la conscience de chaque homme, en approuvant chaque homme dans le bien, et en désapprouvant chaque homme dans le mal, sans consulter l'homme, ce qui constitue que Dieu, le maître de l'homme, a place chez chaque homme, pour l'aider et le soutenir ; d'où ressort que, lorsque les hommes veulent se mettre sous leur dépendance, ils échouent, parce que, en ce cas, ils veulent remplacer Dieu, c'est-à-dire que, de créés, ils veulent devenir leur créateur et maître, réussite qui, jusqu'à ce jour, n'a preuve nulle part.

Les républicains veulent une république de leur choix, par conséquent : républicains, royalistes et impérialistes veulent, tous, remplacer le pouvoir de Dieu, ce qui les livre à la vie immorale, celle à laquelle Dieu ne participe pas.

La vie morale est celle qui, présidée par Dieu chez chaque homme, ne peut que le bonheur pour l'homme et pour tous, ce qui en fait la loi républicaine, dont les républicains ne peuvent se séparer, sans devenir l'opposé de la république, c'est-à-dire : sans passer à la vie immorale, qui fait que l'homme ne peut que pour lui, et non pour tous.

Dieu et la république ne font qu'un, et, partout où Dieu est renié, repoussé, il y a une république sans républicains, d'où ressort que l'on a à faire des républicains, sans avoir à faire une république.

MES CONVICTIONS

I

Je suis sous l'impression de savoir quel culte l'homme professerait envers Dieu, reconnu chez chaque homme. A cette recherche, je voulais, comme les hommes, arriver à ma solution par les hommes qui ne m'ont fourni que des solutions qui, toutes, me laissaient dans une dissolution complète pour les hommes et la société qui se traînent, ayant relégué aux oubliettes toutes les vérités de l'homme à Dieu.

Des hommes à la société, tout est par les hommes et rien par Dieu, ce qui démontre que les hommes, dans l'organisation pour eux et par eux, ont pensé à eux, sans penser à Dieu, car dans la société rien n'est sérieusement adressé à Dieu.

Dieu gouverne les hommes, sans le secours des hommes, ce qui est indispensable pour que les avis de Dieu aux hommes soient bien les avis de Dieu.

A la suite de toutes mes recherches, une réflexion m'est venue, celle-ci : Dieu est le créateur de l'homme, et c'est l'homme qui veut se gouverner, ce qui est tellement hors nature que ma réflexion m'a fait dire : si l'homme pouvait se gouverner, l'œuvre serait plus que son créateur, ce qui m'a persuadé que Dieu seul pouvait m'aider à trouver la solution de ma recherche, solution qui est entière par les deux vies faites par Dieu, et permises aux hommes, dont l'une est la vie morale, et l'autre est la vie immorale. Par la vie morale, l'homme sert Dieu et son œuvre, et par la vie immorale, l'homme détruit l'œuvre de Dieu, et oublie Dieu.

Dans la société, rien, rien n'est complet de l'homme à Dieu.

Les hommes, sur cette terre, ont si complètement oublié Dieu, qu'ils n'y sont aujourd'hui qu'un troupeau sans berger, ce qui durera jusqu'à ce que l'homme aboutisse à Dieu.

Dieu, le créateur du genre humain, est toute ma croyance ; par lui, le genre humain est doté de la vie morale et de la vie immorale, qui lui permettent de se pouvoir le bien, ou le mal, ainsi qu'il en décide par son choix, auquel Dieu le laisse soumis. Dieu est l'instigateur du bien, et il a armé le mal de tous les vices qui font souffrir l'homme et le perdent, s'il ne quitte la vie du mal pour se livrer à la vie du bien. Ces deux vies sont celles connues sous les noms de vie morale et de vie immorale.

II

Pour que l'homme puisse remplir la volonté de Dieu, et puisse agir sous les inspirations de Dieu, il faut qu'il mène la vie morale, vie par laquelle l'homme est heureux, et fait des heureux.

La révolution dans laquelle nous vivons, me semble être le retour de l'homme à Dieu, car après avoir sapé les pouvoirs des ambitieux, il faudra bien reconnaître que l'homme, qui ne se crée pas, a un créateur et maître, et, en ce cas, on ira au créateur, et non au fils qui a été créé, sans avoir créé le genre humain.

Jusqu'à ce que Dieu, qui est chez chaque homme, prévale sur les hommes, il n'y a, sur cette terre, aucun bonheur possible à l'homme.

Le bonheur placé dans le paradis est la destruction

complète de la vie morale sur cette terre, car lorsqu'on
s'entretient de la perfection de cette vie, on vous ré-
pond : la perfection pour l'homme n'est pas sur cette
terre, elle est dans le paradis ; définition faite pour
que l'homme quitte cette terre sans trop de violence,
et soutenu par l'espoir du paradis, organisé pour qu'il
ne puisse échapper à l'homme, car on a placé un pur-
gatoire pour ceux qui ne peuvent arriver directement.
A raisonner ainsi, que devient Dieu qui a pris place
chez chaque homme, et que devient la vie morale,
celle que ce même Dieu a faite, non-seulement pour
l'homme chez lui, mais encore pour les hommes entre
eux ? La définition pour moi est celle-ci : c'est que,
en dehors de Dieu qui a place chez chaque homme,
tout est des hommes, et rien par Dieu ; aussi, que font
les hommes ? En ce cas, ils se livrent à des parcelles
de la vie morale qui, mutilée, aide plus, par ses im-
perfections, la vie immorale à prévaloir et à entraîner
le genre humain qu'à préserver le genre humain, en
lui facilitant la vie morale sur cette terre, telle qu'elle
y est par la volonté de Dieu. Entraînement sous lequel
la société succombe et succombera, jusqu'à ce qu'elle
retrouve la vie morale, en même temps que son créateur qui a domicile chez chaque homme.

La preuve que les hommes sont restés hommes dans
toutes les recherches qu'ils ont faites pour définir Dieu,
et le servir, c'est qu'ils ont choisi le fils et non le père,
choix qui ne dépasse pas les hommes, car le fils de
Dieu est créé comme le sont tous les hommes, création
qui fait que les hommes sont tous fils de Dieu au même
degré, sans que les hommes puissent faire qu'il en soit
autrement. Dieu s'est réservé la création du germe
producteur de toute son œuvre, et n'a permis à aucun
homme la création de ce germe, sans lequel rien ne
peut être. Où le germe producteur n'est pas, l'homme
ne peut l'y mettre, et s'il est usé, il ne peut le réparer.

C'est par la vie morale que les religions se font des adhérents, œuvre à laquelle les peuples ont mission de remplacer les religions, pour être ce que Dieu veut qu'ils soient, c'est-à-dire : pour qu'ils professent la vie faite par Dieu pour l'homme, celle dite morale.

III

Les luttes des partis démontrent que, pour régner, les partis n'ont pas plus de droit les uns que les autres, par conséquent, qu'aucun n'a un droit réel. Ils ont tous le droit du nombre qui est le droit par les hommes, par conséquent, sans durée, car le nombre d'aujourd'hui n'est pas celui du lendemain, ainsi qu'il en est des hommes partout où ils sont sans Dieu ; avec Dieu tout est réglé, et sans Dieu toutes les règles échappent à l'homme. L'homme sans Dieu ne peut que détruire, et l'homme avec Dieu est un tout conservateur.

Souhaiter le bonheur au genre humain, c'est souhaiter son retour à Dieu, qu'il ne peut effectuer qu'après avoir rompu les entraves que la société se crée, et qu'elle entretient à grands frais, entraves qui le tiennent dans la vie immorale.

Dans la société, tout est disposé pour que l'homme soit soumis aux hommes, ce qui permet de dire que les hommes n'ont jamais connu qu'eux-mêmes. Ils en sont venus à croire que s'ils ne se sont pas créés, ils ont le droit de se gouverner.

Qui sait depuis quand les hommes ont relégué la vie morale aux oubliettes, pour se livrer à la vie de plaisir, celle immorale, dont la société s'est saturée au point que rien n'y est resté moral, puisque tout y est plaisir. Ceux que l'on pourrait croire sur le chemin de la morale ne pensent, fort souvent, qu'à satisfaire leur orgueil. Rien, rien ne se fait par devoir, on voit partout que l'homme se préfère à Dieu, c'est-à-dire : que l'homme se sert, sans jamais penser à servir Dieu. Pour servir Dieu, il faut vivre d'accord avec sa conscience, à l'équité de laquelle on doit soumettre ses pensées et ses actes, pour savoir si l'on sert Dieu, ou si l'on se sert.

IV

Les sociétés n'arrivent au désaccord que par l'oubli des règles faites par Dieu pour que les sociétés puissent se former et se régir. Les règles faites par Dieu se divisent comme suit : les unes régissent la vie dans laquelle l'homme ne peut que le bonheur pour lui et pour tous, et les autres régissent la vie dans laquelle l'homme se perd et nuit à tous. La première vie s'appelle vie morale, et la seconde vie s'appelle vie immorale.

Dieu a créé l'homme pour le gouverner, et non pour que l'homme se gouverne, volonté que l'homme ne peut enfreindre sans se jeter dans tous les désordres possibles, dont les révolutions donnent la preuve chaque fois qu'elles ont lieu.

Se dire républicain ne suffit pas pour être républicain. Où les républicains ne sont pas républicains, la république ne peut fonctionner.

L'homme, pour être homme, doit se suffire par son travail, nul homme ne peut suffire à autre homme qu'à lui-même. Dans le premier cas, l'homme s'appartient, et dans le second cas, l'homme appartient à autre qu'à lui.

Faire que l'homme se suffise est l'œuvre de la famille.

Avec Dieu, l'homme règle ses sens, et sans Dieu, il se soumet à ses sens.

Dieu et l'âme ne font qu'un, et c'est parce que l'âme est divine que, chez chaque homme, elle fait entendre par la conscience de chaque homme la parole de Dieu, qui, pour chaque homme, est le flambeau de vérité envers les deux vies permises à l'homme, et dont l'homme a à faire sa vie.

LA CRÉATION ET LE CRÉATEUR.

Le Créateur ne peut créer sans un but à remplir par sa création ; par conséquent, toute création ne peut être, si elle n'est organisée pour le but auquel son Créateur l'a destinée, d'où ressort que la création vit de ce que son Créateur a décidé pour elle.

La création, quelle qu'elle soit, ne peut éviter d'être l'œuvre d'un être en dehors d'elle qui, par cette œuvre, devient son maître, et lui fait subir sa volonté sans qu'elle puisse, dans aucun cas, la renier sans se perdre, car la création, en se refusant à la volonté de son Créateur, se trouverait en dehors de la volonté qui doit la régir, sans pouvoir, par elle, une volonté pour la remplacer, ce qui la jetterait dans une inaction qui la perdrait, si elle est de création humaine, et ce qui la forcerait à une vie destructive qui la mènerait à sa fin, si elle est de création divine.

La volonté du Créateur est la règle conservatrice de sa création, car il fait sa création pour sa volonté, et sa volonté pour sa création.

La création n'est autre chose que la volonté de son Créateur, volonté que Dieu renferme, pour l'homme, dans les deux vies qu'il permet à l'homme, et qui ne donnent à l'homme aucun droit de création, en dehors de la volonté de Dieu, qui veut que l'homme ne puisse que ce qu'il est, c'est-à-dire : qu'il ne puisse rien qui ne soit renfermé dans la volonté de Dien, volonté qui oblige l'homme à se renfermer dans l'impossibilité de créer, de se dépasser ; ce que l'homme subit, ne pouvant rien créer qui ait mouvement sans lui, car, toute création de la part de l'homme est inerte, si l'homme ne donne à sa création le mouvement par lequel elle doit remplir le but auquel l'homme l'a destinée.

La création n'étant pas l'œuvre d'elle-même, il résulte que tout est décidé pour elle, par la volonté de son Créateur, sans qu'elle puisse, jamais, une volonté émanant d'elle, son Créateur ayant renfermé toute volonté par elle et pour elle, dans sa volonté, celle qui lui a servi de guide pour sa création, et qui en a fait un instrument dans sa main, et rien de plus, c'est-à-dire : sans s'en faire un concurrent, dans aucun cas.

Toute égalité, de la création avec son Créateur, annulerait la création et le Créateur; c'est cette égalité destructive que les hommes recherchent sans pouvoir l'atteindre, et qui ne leur sera possible que le jour où ils pourront se créer, sans Créateur, c'est-à-dire : lorsqu'ils pourront naître sans apporter avec eux la volonté de leur Créateur.

Si l'homme est pour tous, Dieu le conserve, et s'il n'est que pour lui, Dieu le perd. Dans la première vie, la vie morale est la vie de l'homme, et dans la seconde vie, c'est la vie immorale qui est la vie de l'homme. Dans la vie morale, l'homme sert Dieu, et dans la vie immorale, l'homme sert ses sens, c'est-à-dire : que dans la vie morale, l'homme est soumis à Dieu, et que dans la vie immorale, l'homme est soumis à ses sens, c'est là la volonté de Dieu pour l'homme, volonté que l'homme subit, sans pouvoir faire qu'il en soit autrement.

Dès que la vie morale et la vie immorale seront connues par les hommes, les souffrances de la société seront définies et deviendront faciles à vaincre.

———

Mon œuvre, *le MATÉRIALISME et la SOCIÉTÉ* est la définition : de la création et le Créateur, de mes convictions, et du résumé qui précèdent.

Pierrelatte, le 8 Octobre 1874.

J.-L. ZACHARIE.

ANALYSE

qui m'a été remise en Avril 1869

1° Le manuscrit de Monsieur ZACHARIE renferme une foule d'idées qui sont les bases de toutes pensées humaines vraies et incontestables.

Ses principes renferment la réfutation, sinon explicite, au moins implicite, de toutes les erreurs sur Dieu, l'âme et le monde extérieur. Elles sont le commentaire de cette pensée : *Il y a une lumière divine qui illumine tout homme venant en ce monde.*

2° Ces idées sont le résultat de ses propres méditations et ne sont empruntées à aucun auteur, ce qui leur donne un caractère tout philosophique.

3° Elles sont exprimées dans un langage propre à l'auteur ; il en résulte une sorte de vague et d'obscurité qui n'est que dans l'expression ; — mais un lecteur judicieux saura bien séparer le fond de la forme.

Lyon, Imp. Rey et Sézanne, rue Saint-Côme, 2.